PANÉGYRIQUE

DE

SAINTE CHANTAL

PRÊCHÉ A ANNECY

A L'OCCASION

DU CENTIÈME ANNIVERSAIRE DE SA CANONISATION

LE 21 AOUT 1867

PAR

M. L'ABBÉ EM. BOUGAUD

VICAIRE GÉNÉRAL D'ORLÉANS.

ANNECY

CHARLES BURDET, LIBRAIRE-ÉDITEUR

—

1867

PANÉGYRIQUE

DE SAINTE CHANTAL.

Propriété.

PANÉGYRIQUE

DE

SAINTE CHANTAL

PRÊCHÉ A ANNECY

A L'OCCASION

DU CENTIÈME ANNIVERSAIRE DE SA CANONISATION

LE 21 AOUT 1867

PAR

M. L'ABBÉ EM. BOUGAUD

VICAIRE GÉNÉRAL D'ORLÉANS.

ANNECY

CHARLES BURDET, LIBRAIRE-ÉDITEUR

1867

PANÉGYRIQUE

DE SAINTE CHANTAL

In vita sua corroboravit templum.

Aux jours de sa vie mortelle, elle a soutenu le temple.

(Au Livre des Machabées.)

Messeigneurs,

Messieurs,

Vous vous souvenez du songe d'Innocent III. Une nuit qu'il reposait dans son palais de Saint-Jean de Latran, il lui sembla voir une auguste Basilique romaine qui penchait vers sa ruine. Les colonnes s'affaissaient, et la Basilique allait tomber, lorsque deux personnages vénérables apparurent tout à coup, l'appuyant de leurs épaules. C'était l'Église et la société du moyen-âge ébranlées par les fautes des hommes bien plus que par les années, et qui allaient être soutenues, vivifiées et renouvelées par les saints du xiiie siècle.

Or, ce spectacle-là, Chrétiens, on le voit presqu'à chaque instant dans l'histoire. Car l'Église chancelle toujours; à chaque siècle on croit qu'elle va tomber; comme si Jésus-Christ, son divin Fondateur, la laissait sans cesse aller à l'abîme, pour nous donner la joie de la voir se relever toujours.

Et quand on cherche le caractère des personnages extraordinaires que Dieu prédestine à ce glorieux ministère de soutenir l'Église, savez-vous qui on trouve? Des petits, des pauvres, d'humbles femmes quelquefois, de timides vierges. *Non multi nobiles, non multi potentes... et ea quæ non sunt !*

Seulement ils ont tous sur le front la même auréole, l'auréole de la sainteté. Et vous en sentez bien la raison. On ne renaît que par ce qui a donné la vie. Or, nous ne venons ni du génie, ni de la science, ni de l'éloquence, ni de l'épée; nous sommes les fils de la sainteté; nous avons pris naissance sur une croix, dans la pauvreté, dans l'humilité et dans l'amour; et c'est pourquoi, Messieurs, quand l'Église souffre, quand on croit qu'elle va tomber, ne lui souhaitez pas, pour la soutenir, quelque grand génie qui la couvre de son éloquence, ou quelque grand capitaine qui la protége de son épée, souhaitez-lui des saints : elle ne peut être sauvée que par eux. Agenouillez-vous aux pieds de la croix, et, portant dans votre âme toutes les douleurs du monde, ayant à l'esprit l'humilité, la pauvreté et l'amour de Jésus-Christ, dites-lui : O Père, ô Maître, ô Ami, donnez-nous des âmes qui vous ressemblent. Envoyez-nous des Saints :

Exoriare aliquis ex ossibus.

Et n'est-ce pas là, Chrétiens, la prière qui s'échappe aujourd'hui du cœur de Pie IX ? Debout sur ce trône qui chancelle, mais qui, après tout, ne chancelle pas plus que le monde, il a vu la société malade, les populations inquiètes, les sceptres impuissants, les couronnes qui volent en éclat, et, oubliant la terre, qui ne peut rien pour lui puisqu'elle ne peut rien pour elle, il a appelé les saints à son aide, et, deux fois déjà, le monde a vu l'épiscopat catholique groupé autour de son chef et demandant au ciel une protection et des armes qu'on ne trouve plus sur la terre.

Et n'est-ce pas là aussi l'instinct et le pressentiment de toute l'Église ? Et que veulent dire ces foules immenses se pressant autour des reliques des saints, à Amiens, à Arras, à Paray, à Toulouse ; cette solennelle émotion de tous les cœurs, ces sacrés ossements portés en triomphe? Ah ! tout cela crie éloquemment que ni le génie, ni la gloire, ni la science, ni la force ne sauveront le monde : il ne sera sauvé que par la sainteté.

Et c'est là ce qui fait la beauté, et, je le dirai, l'émotion de la fête que nous célébrons aujourd'hui. Car, bien qu'elle ne fut qu'une humble femme, la Sainte dont nous avons porté ce matin les restes en triomphe eut cette mission et cette joie de soutenir l'Église dans un jour de crise, d'en venger l'honneur et d'en relever les ruines : *In vitâ suâ corroboravit templum.*

Ah ! elle ne fut pas seule, j'ai hâte de le dire. Et, si je l'oubliais, ces deux Saints, unis dans la même gloire, ces deux châsses précieuses exhalant ici les mêmes parfums me diraient assez que, si on ne les a pas séparés dans la mort, c'est qu'ils ne l'avaient pas été dans la vie : *In morte quoque non sunt divisi.* Et ni l'un ni l'autre ne furent seuls. Les temps étaient trop mauvais ; Dieu égala les secours aux périls, et il voulut que dans cette grande crise du XVIe siècle la joie et l'admiration des chrétiens surpassassent la grandeur de leurs tristesses. *Secundum multitudinem dolorum meorum consolationes tuæ lætificaverunt animam meam.*

Mais je ne dois parler que de sainte Chantal, et, à elle seule, elle suffit déjà à écraser mon infirmité. O vieille terre de Savoie, terre féconde en hommes, moins belle encore par la fraîcheur de tes montagnes et la grâce charmante de tes lacs que par la sève de ton génie et de ta foi, patrie des grands écrivains et des grands évêques, pourquoi le plus illustre de tes enfants n'est-il pas ici à ma place ? Du moins j'espérais que Genève viendrait à mon aide, et qu'une voix sortie de la patrie de saint

François de Sales achèverait ce que n'aura pas su dire l'humble voix qui vient de la patrie de sainte Chantal.

Quelle fut donc la physionomie distincte de notre grande Fondatrice dans le groupe des saints du xvie siècle ? Comment soutint-elle l'Église par la sublimité de sa vie, et comment travailla-t-elle à en relever les ruines par la grandeur de ses œuvres?

Voilà les questions que je voudrais traiter devant vous, Messeigneurs, et devant vous, mes Frères.

Mais je ne commencerai pas sans élever vos esprits et vos cœurs avec le mien vers Celle dont les restes sacrés, en traversant ce matin vos murs, les ont si profondément émus. Ah ! que cette émotion publique me soutienne en ce moment, et que je puise, dans mon admiration et mon amour pour toi, ô femme incomparable, la force de m'élever de mon néant à ta grandeur !

I

Le temple penchait vers sa ruine. Bâti depuis quinze cents ans, il avait reçu du temps, qui ne respecte rien, et des hommes, qui détruisent tout, de telles injures que l'heure semblait venue où il allait enfin succomber. Luther arrivait de Rome, et, après avoir sondé de son regard d'aigle la profondeur du péril, il venait de pousser un cri d'alarme, et, à sa voix, une foule immense s'échappait du temple pour ne pas être écrasée sous les débris. Que je plains, chrétiens, ces grands génies qui ne savent pas lire l'Évangile, et qui, raisonnant de Dieu comme d'un architecte vulgaire, s'exposent à méconnaître l'originale beauté du plan de l'Église ! Oh ! prendre du bronze et du marbre et en faire un monument qui brave les siècles, cela n'est pas difficile, et les Pharaons l'ont fait ! Mais prendre de la boue, que la moindre pluie détrempe, que le moindre vent dessèche, et en faire un monument indestructible à jamais, le poser au centre du monde, au carrefour des peuples, le livrer à tous les orages, à toutes les passions, à tous les béliers, à tous les canons, le laisser attaquer, démanteler, démolir, et, à l'heure précise, apparaître toujours et le relever toujours, voilà la merveille de l'Église catholique ; et dans les dix-huit siècles de son histoire, je serais embarrassé de dire quel est celui qui en a vu le plus sublime exemple.

Donc, au xvie siècle, le temple penchait vers sa ruine, et, tout à coup, au moment où on en désespérait, on vit apparaître, comme un chœur antique, le groupe brillant de ceux que Dieu avait chargés de le soutenir. Faut-il vous les nommer ? Mais à quoi bon ? Qui ne connaît ces grandes et belles figures ? Saint Pie V, qui fait asseoir avec lui sur le trône de saint Pierre la pauvreté, l'humilité, la pénitence, et qui y porte, au milieu du plus violent orage, quelque chose de la sérénité que nous voyons aujourd'hui au front de Pie IX ; saint Charles Borromée, qui, prince, évêque, cardinal, menait à vingt ans, sous la pourpre, une vie d'anachorète, et qui puisait, dans cette association de la jeunesse, de la grandeur et de l'austérité, la force d'être un si puissant réformateur ; saint Philippe de Néri, que l'amour de Dieu consumait, et dont le beau visage tout resplendissant de joie apprenait au monde que tous les bonheurs de la terre pâlissent devant le bonheur de souffrir et de s'immoler pour Dieu. Et ce soldat qui garde sous son habit de mendiant volontaire quelque chose de si ardent et de si intrépide, est-il besoin de vous le nommer ? c'est saint Ignace, le fondateur de l'immortelle Compagnie de Jésus. Et ce prêtre à la mine si humble, aux manières si douces et si tendres, est-ce un père ? est-ce une mère ? Les petits enfants et les pauvres le suivent à la trace et l'appellent M. Vincent. Et cet évêque, si doux, si pieux, si spirituel, si aimable, ô montagnes de Savoie, beau lac d'Annecy, nommez-le, nommez-le vous-mêmes : c'est saint François de Sales.

Voilà donc vos desseins, ô mon Dieu ! Quand tout est désespéré du côté de la terre, vous faites un signe, et tout est sauvé du côté du ciel. On disait le temple prêt à crouler ; on criait : l'Église se meurt, l'Église est morte. Et voilà la vie qui ruisselle de son sein ; voilà une explosion d'héroïsme comme les âges antiques n'en ont point vu ; voilà la pénitence, l'humilité, l'amour qui s'élèvent à des proportions sublimes et qui embaument le monde de tous leurs parfums à la fois.

Mais, dans ce groupe brillant, quelles sont donc ces deux femmes que j'aperçois, et que viennent-elles faire ici, parmi ces pontifes, ces prêtres, ces religieux chargés de soutenir le temple ? Ah ! je conçois encore la présence de la première. O Thérèse, vous êtes bien ici, vous représentez l'union joyeuse de la virginité, de la pénitence et de l'amour. Mais cette autre femme qui est près de vous, parée des vêtements du monde, cette brillante épouse, cette mère heureuse, entourée de ses petits enfants, qui est-elle ? A quel titre veut-elle prendre place parmi ces pontifes, ces religieux et ces vierges ? A quel titre, Chrétiens ? Ah ! j'entends le Prophète qui dit : *Mulierem fortem, quis inveniet ?* où trouver une femme forte ? O Prophète, c'est donc une chose bien rare qu'une femme forte ? Oui, oui, répond-il, on irait au bout du monde sans en trouver le prix : *Procul et de ultimis finibus pretium ejus.* O Dieu, puisque c'est chose si rare et si belle, et que, pour soutenir votre Église, vous voulez faire éclore à la fois toutes les merveilles de sa fécondité divine, envoyez-nous une femme forte. Et la voilà ! c'est saint François de Sales qui l'amène : « J'ai trouvé à Dijon, s'écriait-il un jour, ce que Salomon était en peine de trouver à Jérusalem : la femme forte, en Mme de Chantal. »

Oui, dans ce groupe de saints destinés à affirmer et à révéler la vie divine de l'Église au moment où on la niait, pour personnifier la force, la force héroïque, Dieu prit une femme, une jeune fille, presqu'une enfant.

Et cette femme, afin que son héroïsme fût plus éclatant et frappât davantage les peuples, il la prit dans les conditions les plus vulgaires de la vie : fille, épouse, mère, dame du monde, maîtresse de maison.

Et comme on voit qu'un grand poète arrange les scènes, ménage les situations pour le développement du caractère de son héros, Dieu la fit passer par une série d'épreuves, si habilement graduées, qu'on vit sa force croître peu à peu, étonner les peuples, arracher des applaudissements et des larmes et arriver enfin jusqu'à ce point où l'on est à la fois ravi et blessé ; comme la lumière, quand elle est à son plus haut degré d'intensité. nous blesse en nous éblouissant et nous aveugle même sans cesser d'être la lumière !

Entrons dans le détail, et permettez-moi de dérouler devant vous les différentes scènes de ce merveilleux drame.

La première épreuve, ménagée par Dieu à sainte Chantal, ce fut l'épreuve du bonheur. Et j'étonnerais bien certaines âmes si je leur disais que, de toutes les épreuves, celle-là peut-être est la plus difficile à traverser. Chose étrange ! l'homme est fait pour le bonheur, et il ne peut le supporter. Il s'y amoindrit, souvent il s'y aveugle, quelquefois il s'y corrompt. Platon disait que le plus beau spectacle que la terre puisse offrir au ciel, c'est celui du juste aux prises avec l'adversité. Pour moi, j'en connais un, sinon plus beau, du moins plus rare, c'est celui d'une jeune fille comblée de tous les dons, enrichie de toutes les grâces, exposée à toutes les séductions, et demeurant pure, gracieuse, innocente, forte, incorruptible. Platon n'a pas pensé à ce spectacle, car l'antiquité ne le connut pas. C'est Jésus-Christ qui l'a donné au monde ; et si vous voulez le voir dans ce qu'il a de plus touchant et de plus aimable, venez avec moi à Bourbilly.

Elle avait vingt ans, et je cherche vainement quel est le bonheur qui lui avait manqué. Il est vrai qu'elle n'avait plus sa mère, mais quelle noble et chrétienne figure que celle du président Frémiot ! quelle grandeur de caractère ! quelle fidélité à Dieu et à son pays, poussée plusieurs fois jusqu'à l'héroïsme ! Et, pour que rien ne manquât au bonheur d'un cœur comme celui de notre Sainte, la gloire de son père, celle de la patrie et celle de l'Église s'étaient comme entrelacées et, depuis dix ans, elles n'avaient pas cessé de croître ensemble. Si, de son vénérable père, ses yeux se portaient sur son mari, c'était le même spectacle : la foi, la piété, le courage militaire, l'héroïsme des champs de bataille avec la tendresse du cœur, et, plus haut que tout, une telle délicatesse de conscience et un si vif sentiment de l'honneur qu'il avait mieux aimé briser son épée et renoncer à devenir maréchal de France que de faire un acte que désapprouvait sa conscience. Il entre de l'admiration dans l'amour : jugez par là du bonheur de notre bienheureuse. Six petits enfants croissaient autour d'eux comme de jeunes plantes d'oliviers et achevaient leur félicité. Et, par-dessus tous ses amours, pour leur donner toute leur élévation et leur beauté, un amour de Dieu qui allait en elle jusqu'à l'enthousiasme. On s'imagine dans le monde que l'amour de Dieu glace tout amour humain, ou que l'amour humain détruit et fait fuir l'amour de Dieu. Malheureux ! Dieu aurait coupé en deux le cœur de l'homme ! Ah ! c'est pendant qu'elle aimait ainsi son noble et chevaleresque époux, c'est à l'heure même où naissaient de ce tendre et profond amour ses six petits enfants qu'elle faisait son premier miracle ; apprenant ainsi au monde qu'en aimant tendrement, profondément, chrétiennement son mari et ses enfants, une épouse, une mère peut arriver à ce que l'amour de Dieu à de plus héroïque et de plus sublime. O mon Dieu, Dieu des saints époux et des saintes épouses, Dieu qui fîtes autrefois le cœur de saint Louis et celui de sainte Élisabeth de Hongrie, Dieu, qui avez fait le cœur de notre sainte aux jours de sa vie conjugale, rendez-nous ces cœurs qui s'aimaient en vous, ces amours qui ne pâlissaient pas au bout de six mois, ces foyers chauds et féconds où il était si bon d'habiter ensemble ! O mon Dieu, mon Dieu, la terre se fait froide. On ne s'aime plus, parce qu'on ne vous aime plus. Le grand astre est éteint, et tout est dans les ténèbres, même le foyer et le cœur !

Mais, je l'ai dit, le bonheur n'est pas de ce monde. Il en faut un peu, pour donner du courage au moment de gravir les rudes montées de la vie ; il n'en faut pas trop, pour qu'on ne s'amollisse pas. Voilà pourquoi l'enfant s'éveille à la vie au sein d'un bonheur si profond, si paisible et si pur ; voilà pourquoi le jeune homme, la jeune fille, au moment où ils vont prendre la lourde responsabilité du mariage, ont une heure d'enchantement qui fait pleurer quand on sait le peu qu'elle durera ; voilà pourquoi ceux mêmes qui quittent tout pour Dieu et se vouent à la vie héroïque du sacrifice, ont, à l'aurore de la vie religieuse, ce moment du noviciat, si doux, si enchanteur, si plein des parfums et des brises du ciel. Mais ni là, ni ailleurs, ni nulle part, le bonheur ne dure. Ou l'âme s'y affaiblit et s'y énerve, et alors Dieu apparaît et la chasse dans la douleur, pour lui faire retrouver l'élévation, la fécondité, la vraie grandeur ; ou l'âme est fidèle à Dieu dans le bonheur, et alors elle devient si belle que Dieu se prend de jalousie de la voir plus belle encore, et qu'il apprête lui-même le bain de douleur où elle achèvera de se transfigurer. Il y en eut un grand exemple dans la vie de notre Sainte.

Un jour que la sainte Baronne, au comble du bonheur, car son mari venait de grandir jusqu'à l'héroïsme et elle-même voyait s'augmenter sa petite famille, reposait encore, elle vit tout à coup arriver un domestique qui lui annonça en balbutiant que le baron de Chantal venait d'être blessé à la chasse. Elle se lève toute tremblante, elle court, elle arrive. M. de Chantal était baigné dans son sang et rendait le dernier soupir. Ce fut le commencement de sa douleur. Il fallut quitter Bourbilly et se rendre chez son beau-père, où elle trouva dans le caractère chagrin et emporté du vieillard, dans les insolences d'une servante devenue maîtresse, le plus douloureux des martyres. Puis la mort se mit dans ses enfants. Elle perdit les deux premiers au berceau, sa petite Charlotte à 10 ans, Marie-Aimée à 18, Celse Bénigne à 27. Elle vit mourir son père, sa belle-fille, son gendre, ses petits-enfants, ses parents, ses amis, et bientôt, de cette belle famille, il ne resta qu'une veuve et deux petits orphelins. Et pendant ce temps, quand elle aurait eu tant besoin de calme et de paix intérieure, je ne sais quelle tempête passa à travers ce grand esprit ; des maladies étranges touchèrent ses membres. Elle fut bientôt tout entière sur la croix.

Étrange chose que la vie ! une goutte de miel sur les bords du vase et des torrents d'amertume au fond : une croix semblable à celle que Dieu montra un jour à la bienheureuse Marguerite-Marie : des fleurs dessus, des épines dessous. On s'y étend joyeux, ne voyant que les fleurs ; mais elles passent vite, elles se fanent, il ne reste bientôt que les épines. Et celles-là, Dieu les a faites de telle sorte qu'elles ne se fanent jamais.

Eh bien ! ces malheurs, comment notre Sainte les supporta-t-elle ? Ah ! j'ai hâte de le dire, elle pleura ; elle pleura jusqu'à étonner, jusqu'à scandaliser ses parents et ses amis. C'est saint François de Sales qui l'atteste. A la mort de son mari, elle versa de tels déluges de larmes qu'elle devint comme un squelette. A la mort de sa fille, elle tomba si malade de douleur, quoiqu'elle fût déjà religieuse, qu'il fallut lui donner les derniers sacrements ; à la mort de ses autres enfants, ce furent des scènes pareilles ; on ne savait comment l'avertir ; elle

restait des mois entiers muette, silencieuse, absor-
bée. Fi des cœurs froids qui ne savent pas pleurer !
Jésus-Christ n'est pas de leur troupe. Il a pleuré
son ami, il s'est troublé sur la tombe du frère de Ma-
deleine. Trouble précieux, saints frémissements,
par lesquels il a appris au monde que Dieu n'a pas
donné un cœur à l'homme pour qu'il le tuât, et que
la religion a pour mission d'élever la nature et de la
guérir, mais non de la flétrir et de la déshonorer !

Faut-il vous dire maintenant comment elle
pleura ? avec quelle soumission à la volonté de Dieu ?
avec quelle foi ardente à l'éternelle réunion ? Et
quelle lumière dans sa douleur ! Elle disait sans
cesse : « Dieu fait tout par miséricorde, Dieu fait
tout par amour. » Et elle avait raison ; car, pourquoi Dieu nous prend-il nos parents, nos amis ?
Pourquoi, vers le soir de la vie, nos cheveux com-
mencent-ils à blanchir et notre vue à se perdre ?
Pourquoi, dès quarante ans, sentons-nous en nous-
mêmes je ne sais quel mystérieux travail de la mort ?
Pourquoi ? sinon pour que nous oublions une terre
qui passe et que nous levions les yeux vers le ciel
qui arrive et où, dès quarante ans quelquefois, est
déjà le meilleur de notre cœur !

Est-ce tout, chrétiens ? Est-ce là le spectacle total
de cette force divine que je voulais vous faire admirer dans notre sainte ? Oh ! non. Résister aux en-
chantements du plaisir, ce n'est que le commencement de la force ; supporter les cruelles atteintes
de la douleur, ce n'en est que le milieu ; mais s'immoler au devoir, mais aller volontairement au-

devant du sacrifice, quand le sacrifice peut être utile à Dieu et aux âmes, mais donner à la vérité, à la vertu, à l'Église qui les représente, à Dieu qui en est la source, son temps, sa peine, ses efforts, ses sueurs; mais si la foi, si l'Église en avaient besoin, dire comme notre immortel Bossuet : J'y mettrai ma tête, c'est là quelque chose de si beau que Dieu a envié à l'homme cette faculté, et il a eu raison; car si Dieu n'avait pas trouvé quelque moyen de se sacrifier pour l'homme, j'allais presque dire que l'homme eût été plus grand que Dieu. Et, en effet, il aurait pu lui dire : « Seigneur, vous m'avez donné vos bien, vous m'avez donné vos soleils et vos fleurs; moi, je vous ai donné mes sueurs, mes fatigues, mes souffrances. Seigneur, vous n'avez pas souffert pour moi, moi je suis mort pour vous. Vous m'avez donné beaucoup, Seigneur, moi je vous ai tout donné. » Et voilà pourquoi un jour les cieux s'ouvrirent; Dieu en descendit, et il monta sur une croix dans des douleurs et des humiliations infinies, afin que, quelques souffrances que l'homme endurât pour Dieu, il aperçût toujours son Dieu dans la gloire d'une immolation supérieure à la sienne. Et comme il aurait pu se faire qu'après s'être sacrifié pour Dieu l'homme montât plus haut encore et lui sacrifiât la vie même de ses enfants, on entendit une voix qui disait : « Je vous ai aimé jusqu'à donner mon fils unique pour vous, m'aimerez-vous jamais autant? » Noble défi que l'homme a accepté et où, vaincu par Dieu, il a du moins élevé son cœur si haut que nulle gloire humaine n'égalera jamais celle du sacrifice, et que l'éternité suffira à peine pour lui donner une récompense proportionnée à ses immolations.

Quand notre Sainte commença à entrer dans cette voie, Dieu lui envoya un ange pour la guider, car nulle voie n'est si périlleuse. Il y faut sacrifier la nature, mais sans la flétrir; il y faut tout détruire, tout, excepté ce qui ne se détruit jamais, le cœur et les grandes et nobles affections qui en sont l'honneur et la vie. Je ne m'arrêterai pas à peindre l'ange que Dieu lui donna. Ni mon esprit avec toutes ses admirations, ni mon cœur avec le tendre et profond amour qu'il éprouve pour lui, n'égaleront jamais la pure et douce image que le saint Evêque de Genève a laissée dans tous les cœurs. Près de trois siècles ont passé sur sa tombe, et sa mémoire embaume encore comme une composition de parfums. Il avait de l'ange la pureté et la lumière; il avait de l'homme le sourire aimable et la tendresse; et ces dons, s'unissant au sein d'un cœur enflammé de l'amour de Dieu, lui firent une de ces belles physionomies où l'on retrouve manifestement quelque chose des traits de Jésus-Christ.

C'est à Dijon qu'il rencontra Mme de Chantal; et qui ne sait l'histoire de leurs premières relations, l'amabilité de l'un, la force de l'autre, et, en tous deux, cette candeur, cette naïveté dont le charme nous ravit encore aujourd'hui. « Madame, est-ce que vous voulez vous remarier? — Oh! non, Monseigneur. — Eh bien! alors, il faudroit mettre bas l'enseigne. » Et la bienheureuse, le soir, arrachait toutes ses dentelles. — « Madame, si cette invention n'étoit au bout du cordon, votre collet laisseroit-il d'être bien attaché ? » Et tant d'autres mots charmants qu'il faut omettre, où se trouve manifestement, en l'un et en l'autre, la grâce, la lumière d'en haut, la fidélité généreuse et les premières révélations de cette force de sacrifice dont Mme de Chantal avait en elle des trésors.

Je vous laisse aussi dans l'ombre, scène admirable où l'on vit la Sainte aux pieds du Saint, et où les anges du ciel se penchèrent pour recueillir des accents comme ceux-ci :

« Or sus, Madame, je sais ce que je veux faire de vous.

« — Et moi, Monseigneur, je suis prête à obéir.

« — Vous allez entrer à Sainte-Claire ?

« — Tout de suite, Monseigneur.

« — Non, ce régime ne conviendrait pas à votre santé, vous entrerez à l'hôpital de Beaune ?

« — Volontiers, Monseigneur. »

Et toute la suite de ce dialogue, où l'on voit à quel point la Sainte était morte à elle-même et par conséquent forte. Car, que peut-on contre celui qui ne tient à rien ? et que ne peut-il pas lui-même ?

Mais il faut se hâter et je sens que vous m'appelez à cette scène douloureuse qui termina la vie de notre Sainte dans le monde et où se révéla, dans des proportions inconnues, le grand héroïsme de son âme. Comment vous peindrais-je cette scène ineffable, ce vieux père se jetant à son cou pour la retenir, ces parents, ces amis en larmes, ces petits enfants qui éclatent en sanglots autour d'elle ; et la Sainte, allant de l'un à l'autre, pleurant aussi, essayant de ne pas pleurer et pleurant plus fort ; et quand elle veut s'arracher à ces adieux qui l'épuisent, ce fils qui se jette en travers de la porte et qui lui crie : « Du moins, tu passeras sur mon corps ! »

Ah ! je le sais, le monde ne pardonnera jamais cette action à notre Sainte. Vainement on lui explique le côté sublime de ce départ, les précautions prudentes prises dans l'intérêt des enfants, les petites filles ne quittant pas leur mère, le fils confié à son grand-père avant d'être envoyé à l'armée, et toute la famille unanime à approuver cette entreprise. Rien n'y fait. Le monde ne se lassera pas de blâmer. Et cependant, qu'a-t-elle fait, dites-moi, que ce que vous faites tous les jours à votre grand honneur ? car n'est-ce pas l'honneur de l'homme de savoir qu'il y a une hiérarchie dans les affections du cœur, et connaissant cette loi sublime et douloureuse d'avoir le courage de s'y immoler !

Vous avez une famille, par exemple, une femme, des enfants que vous chérissez. Tout à coup, vous apprenez que la patrie est en danger ; vous serrez une dernière fois vos enfants dans vos bras et vous partez ; pourquoi ? parce que si sainte, si sacrée que soit la famille, plus haut qu'elle vous mettez la patrie.

Et plus haut que la patrie, est-ce que nous ne mettons rien ? Les anciens ne dépassaient pas cet horizon ; mais nous, éclairés par Jésus-Christ, plus haut que la patrie, nous mettons l'humanité ; et nous croyons qu'une nation est égoïste et coupable

si elle ne sait pas se sacrifier quelquefois au bien
général de l'humanité.

Et plus haut que l'humanité, mettons-nous quelque chose ? Ah ! Chrétiens, l'honneur, le droit,
la justice, la vérité ! comme cet immortel magis-
trat, père de notre Sainte, qui, menacé de rece-
voir la tête de son fils dans un sac s'il ne trahissait
pas son pays, répondait : « J'aime mieux que mon
enfant meure que de faire moimême quelque chose
de contraire à ma conscience et à mon honneur. »

Et plus haut que l'honneur ! Ah ! rien ! car la
vérité, le droit, la justice, l'honneur, c'est Dieu !

Voilà l'échelle sublime que vous montez tous les
jours, à votre éternelle gloire ! voilà l'échelle san-
glante qui déchire vos pieds, et que, tout meurtris
par elle, vous n'abandonnez jamais. Et vous ne vou-
driez pas que les Saints la montent ! Ah ! qu'ils la
montent, comme vous, pour de sublimes motifs,
et en pleurant ! qu'on sente leur cœur dans leur
sacrifice ! à la bonne heure ! Mais c'est tout ce que
vous pouvez leur demander ! Et, gloire à Dieu, c'est
ce qu'on admira dans le départ de Mme de Chantal !

Voyez-la, au moment de passer sur le corps de
son fils ; elle se trouble, elle frémit, et quelqu'un
lui reprochant ses larmes, écoutez le cri qui s'échappe
de ses entrailles émues : « Eh ! que voulez-vous, je
suis mère ! » Il est vrai qu'elle ne s'arrête pas. Mais
vous, si la patrie était en danger, et si, au moment
où vous partez pour la défendre, votre enfant se je-
tait en travers de la porte et essayait de vous barrer
le passage, est-ce que vous vous arrêteriez ? Non,

certes ; mais, semblable à Hector, serrant dans vos bras votre épouse, caressant une dernière fois votre enfant, vous iriez où vous appellent le devoir, la patrie, l'honneur, Dieu ; ainsi part notre Sainte, brisée, mais forte ; aimant ses enfants, ne les ayant jamais oubliés, mais apprenant au monde que si on fait de tels sacrifices pour une patrie de la terre, il n'est pas étonnant qu'il y ait pour quelques âmes d'élite, à certaines heures de crise, des devoirs qui dominent tous les autres, et qu'on puisse quelquefois, comme Abraham, pour obéir à la voix de Dieu et pour accomplir une mission sublime, être obligé de tout quitter, même son père et même ses enfants.

Telle fut, Messieurs, sainte Chantal dans la première moitié de son âge et de sa vocation ; et voilà, dans un exemple immortel, la vraie manière dont l'Église se soutient au milieu des périls qui l'environnent. Lorsque les abus se multiplient et que les signes de l'humanité de l'Église commencent à scandaliser les faibles, alors l'Esprit qui est en elle fait un sublime effort ; du milieu de ces races corrompues, au sein quelquefois de ces institutions dégénérées, il saisit quelques âmes, il les transforme ; il élève celle-ci à une pureté qu'envieraient les anges ; il met en celle-là une flamme de zèle, une intrépidité toute apostolique ; en cette autre, une force d'âme à la fois douce, prudente, invincible ; et quand elle les a élevées à la plus haute sainteté, que Dieu lui-même a pris soin de fournir la preuve de ces merveilles de sa grâce par le don des miracles, alors l'Église les place sur l'autel, et elle dit au monde en les lui montrant : « Vous ne croyiez plus à ma vie divine ; les rides de mon front vous cachaient ma jeunesse. Regardez, et, si vous doutez encore de ma parole, croyez à mes œuvres ; ce sont elles qui rendent témoignage pour moi : *Illæ sunt quæ testimonum perhibent de me.*

Mais quelle était donc cette seconde mission, plus sublime encore que la première, qui arrachait ainsi cette grande âme à la vie, si belle déjà, qu'elle menait dans le monde ? Suivons notre Sainte à Annecy. Sa vie, en changeant de théâtre, va nous appeler à de plus grands horizons.

II

C'est une grande chose, sans doute, de révéler, par la beauté de ses mœurs et par la sublimité de sa vie, l'impérissable fécondité de l'Église ; mais c'est une chose plus grande encore, tout à fait rare et vraiment divine, d'être choisie pour en relever les ruines et pour travailler au rétablissement de la Cité de Dieu. Car, vous le savez, tout n'est pas divin dans l'Église ; tout n'y est pas immortel et immuable. L'Église est faite avec des hommes, et, par conséquent il y a des points où la dent de l'ennemi peut mordre ; il y a de temps en temps des piliers qui tombent, des murs qui se lézardent, des institutions qui faiblissent. Dieu l'a voulu ainsi pour nous donner l'honneur et la joie de travailler de nos propres mains à sa reconstruction.

Et puis, l'Église marche avec le monde. Et vous sentez bien que si l'Église ne marchait pas, il viendrait un jour où, les sociétés l'ayant dépassée, l'Église resterait impuissante à les guérir et à les sauver. Elle ressemblerait à une île plantée sur le roc, au centre de l'Océan, où les grands vaisseaux s'arrêtent un instant et se reposent à la fraîcheur de ses sources et à la beauté de ses ombrages, mais qu'ils appellent en vain à l'heure du péril et qui ne peut pas venir à eux quand leurs provisions sont épuisées et que leurs voyageurs meurent de faim et de soif. Ce n'est pas ainsi que Dieu a fait la mère du genre humain. Elle marche avec les sociétés ; elle se rajeunit avec ses enfants ; et voilà pourquoi, quand de grands événements ont changé la face du monde, on voit apparaître des personnages extraordinaires chargés de renouveler et de rajeunir l'Église ; de tirer de son sein inépuisable de nouvelles institutions en rapport avec les besoins, les périls, les malheurs et les progrès des sociétés.

Or, ce fut là la seconde œuvre des saints du xvie siècle, et, comme la France était alors le point du monde où le mouvement était le plus grand, c'est là, si vous le voulez bien, que nous allons fixer nos regards pour voir la part que sainte Chantal a prise à la renaissance et au rajeunissement de l'Église dans les temps modernes.

Je ne sais si vous avez eu la même impression que

moi ; mais quand on arrête ses yeux sur les Saints que Dieu donna, au xvi⁰ siècle, à l'Église de France, le premier regard est pénible ; il semble qu'ils aient échoué dans leurs efforts. On aperçoit à Paris, car presque tous viennent à Paris comme au vrai théâtre de la lutte du bien et du mal, un petit groupe d'âmes héroïques : le cardinal de Bérulle et la Bienheureuse Marie de l'Incarnation, le P. de Condren et M. Olier, saint Vincent de Paul et M. de Renti, saint François de Sales et sainte Chantal, qui luttent énergiquement contre le courant des mauvaises doctrines et des mauvaises mœurs. Mais personne ne les aide. L'épiscopat dort, la royauté s'amuse, les parlements les entravent. Ils travaillent, ils luttent, ils meurent, et, quand ils sont morts, c'est fini. Le flot retardé reprend son courant. Les mauvaises mœurs augmentent, les mauvaises doctrines pullulent. On a une fin du xvii⁰ siècle indigne de son commencement ; puis un xviii⁰ siècle qui surpasse tout en infamie ; puis un coup de foudre ; tout disparaît pêle-mêle dans l'abîme : Église et État, royauté et sacerdoce, parlements et monastères, noblesse et clergé. C'est fini, c'est à jamais fini.

Mais non, rien n'est fini. L'Église sort de l'abîme au commencement du xix⁰ siècle ; elle renaît de ses cendres, et savez-vous sous quelle forme ? Sous la forme même que voulaient lui donner saint Vincent de Paul, saint François de Sales, le cardinal de Bérulle, M. Olier. Oui, oui, si ces grands hommes sortaient du tombeau, ils tressailliraient de joie ; ils diraient : La voilà ! la voilà l'Église que nous appellions de tous nos vœux. Voilà l'Épiscopat, voilà le clergé, dirait l'un, tel que je voulais les faire. Voilà le Carmel, comme je le rêvais, dirait l'autre. Voilà ma chère Visitation, comme je la demandais à Dieu. O Eglise de France, que tu es belle aujourd'hui ! Qu'ils sont beaux, les pieds de tes Apôtres à travers les forêts de la Chine ! Qu'elles sont bienfaisantes, les mains de tes filles de charité au chevet de nos malades ! Qu'ils sont odorants, tes séminaires et tes cloîtres ! *Quam pulchra sunt tentoria tua, Israel !* Ah ! si le ciel, touché de nos malheurs, t'accordait seulement vingt ans de paix pour achever d'enraciner tes œuvres, et de te faire chérir des peuples à force de bienfaits, tu ne serais pas seulement invincible à tous les coups de tes ennemis ; mère heureuse, tu prendrais ce siècle troublé dans tes bras, et tu l'emporterais loin des tristesses, des mécomptes et des révolutions qu'il a trop connus, dans les régions sereines de la vérité, de la liberté, du progrès et de la vraie civilisation.

Eh bien ! cette jeune Église, cette Église du xixe siècle, qui a traversé trois révolutions sans rien braver et sans rien craindre, qui vit pure et respectée sous le feu de la presse, au grand jour de la publicité, sainte Chantal a contribué pour sa part à la faire. Elle était du nombre de ses fondateurs, et quand je remonte la liste de nos ancêtres, mon cœur reconnaissant la rencontre et la salue entre saint François de Sales et saint Vincent de Paul.

Mais, dans cet admirable travail de la reconstruction et du rajeunissement de l'Église, quelle fut précisément la part de sainte Chantal? Un mot va vous le dire :

Quand on entre à Saint-Pierre de Rome, dans ce temple auguste qui symbolise pour ainsi dire l'Église catholique, où l'on voit à tous les autels des prêtres de toutes les nations, où dans les recoins silencieux on aperçoit des confessionnaux pour toutes les langues, où sous les dalles dorment aux pieds de saint Pierre tous les souverains Pontifes; quelles sont ces statues que l'on voit adossées aux grands piliers de l'immense édifice et qui semblent le porter? Sont-ce les apôtres? non, car à quoi bon la statue quand on a la réalité, et tout le temple couvre de sa majesté le corps même des apôtres. Sont-ce les martyrs? non. Sont-ce les docteurs? Sont-ce les Pères de l'Église? pas davantage. Qui sont-ils donc ces saints, qui ont le privilége d'être, après les apôtres, les colonnes et comme les grands appuis de l'Église? ce sont les fondateurs d'ordre. Qu'est-ce donc qu'un fondateur d'ordre? Voilà ce qu'il faut savoir pour bien comprendre la part qu'a eue sainte Chantal au rétablissement de la cité de Dieu dans les temps modernes.

Sachez donc, Chrétiens, que l'Église se compose de deux armées : une armée permanente et une armée mobile. L'armée permanente, c'est Jésus-Christ qui l'a fondée, dans quel ordre? avec quelle beauté? comment vous le dire? J'avais seize ans lorsque mes maitres m'expliquèrent pour la pre-

mière fois la grande loi de la gravitation des cieux.
Ces astres que j'avais vus jusque-là dans un éparpillement splendide, on me dit qu'ils se mouvaient;
qu'il y en avait de plus petits qui tournaient autour
des plus grands; que ceux-ci, emportant avec eux
leurs satellites, tournaient autour du soleil; et, per-
çant la voûte des cieux, on me fit entrevoir que ce
système solaire tout entier tournait autour d'un
troisième, lequel tournait lui-même avec ses mil-
lions d'astres autour d'un autre, et qu'ainsi, au lieu
d'être dans un éparpillement magnifique, le ciel
était dans l'unité. Ma jeune imagination ravie
poussa un cri d'admiration.

Depuis j'ai appris à connaître une autre loi
de gravitation, plus simple, plus grande, plus
sublime. C'est celle qui préside à l'Église. Au
centre d'abord, comme le soleil de ce monde, le
Pape, le Vicaire de Jésus-Christ, tout rayonnant de
lumière, de vérité, de vie, d'amour. Tout autour
de lui, le corps épiscopal, l'immense chœur des
Évêques placés par le Saint-Esprit pour illuminer,
échauffer et gouverner les églises; autour de
chaque évêque le chœur obéissant des prêtres,
rayonnant, lui aussi, la lumière et la vie; et autour
de chaque prêtre, l'assemblée des fidèles. Quel
ordre! quel ensemble! quel mouvement! Et que
c'est beau, quand tous les fidèles obéissent au
prêtre, et se laissent emporter par sa gravitation;
et quand tous les prêtres obéissent à l'Évêque; et
quand tous les évêques ne font qu'un avec le Pape;
et que le Pape, centre de cet immense système,

emporte tout dans son sublime mouvement autour de Dieu ! Voilà l'Église; voilà son unité; voilà son universalité; voilà son éternité. C'est Jésus-Christ qui a fait cette merveille, et ni les malheurs des temps, ni les assauts des ennemis, ni les fautes même des chrétiens ne la détruiront jamais. Les hommes ne peuvent pas plus contre l'astronomie de l'Église que contre l'astronomie du ciel.

Mais de même que dans une armée, si belle, si bien disciplinée qu'elle soit, il faut de temps en temps créer des bataillons d'élite; c'est une redoute à emporter, c'est un pas périlleux à franchir; on appelle une poignée de braves et on les lance en avant; ainsi dans sa marche à travers les siècles, l'Église rencontre des pas périlleux, des passions indomptables à faire reculer, des erreurs à détruire, des bienfaits extraordinaires à verser sur une société malade; il faut un bataillon d'élite ; il faut recruter des braves ; il faut lancer en avant des héros. Et pour cette œuvre sublime, Dieu prédestine un homme. Vous dirais-je quelles qualités il doit avoir ? Qui ne le pressent ? Quelle intelligence surnaturelle des besoins, des périls, des aspirations et des douleurs d'un siècle pour voir le point précis où il faut appliquer le remède ? Quel charme divin, quel rayon de Dieu sur le front pour appeler à soi toutes les grandes âmes d'une époque? Quelle puissance pour leur communiquer l'élan ? Et quelle plénitude, quelle abondance de vie divine? car il ne suffit pas de les appeler, il faut les former, les pétrir, si j'ose ainsi dire, leur imprimer un caractère indélébile. Il faut les mettre dans l'unité, ce n'est pas assez, il faut les mettre dans l'éternité. Car les ordres religieux ne meurent pas, et, comme le disait fièrement le Père Lacordaire à un incrédule qui, passant près de lui sur le pont de Genève, avait murmuré à son oreille : « Cette race est donc immortelle ? — Oui, oui, lui dit-il en souriant, les chênes et les moines sont immortels. »

Sentez par là, mes frères, ce qu'a été sainte Chantal. Car je n'ai pas le temps de vous la peindre entrant à Annecy, de vous dire le nom de toutes ces charmantes et héroïques compagnes qui vinrent se grouper autour d'elle; de dessiner devant vous le caractère aimable qu'elle leur a donné; de vous montrer ces quatre-vingts maisons qui débordent de foi, de ferveur, de silence, d'humilité, de contemplation. Voilà 257 ans que la Visitation est née, et qui ne croirait respirer encore les parfums de son berceau ? Elle a traversé le xviie siècle, la régence, le jansénisme, la révolution, la terreur, les languissantes années du commencement du xixe siècle, toujours jeune, toujours fervente, sans avoir eu besoin de réforme. Ce mélange admirable d'humilité, de simplicité et de douceur, elle l'a montré aux vieilles nations de l'Europe, aux jeunes chrétientés de l'Amérique, jusqu'aux rives étonnées de l'Océanie et de la Chine; tant a été puissante la main qui a formé ce grand Institut. Ah ! qu'il reste à jamais fidèle [à ce double esprit ! qu'il nous fasse admirer toujours et de plus en plus la douceur de saint François de Sales dans l'énergie virile de sainte Chantal ! Et vous, ô premier monastère d'Annecy, sainte source d'où ont coulé tant de ruisseaux pour féconder la terre, soyez d'âge en âge et de siècle en siècle l'honneur de l'Église et la joie des enfants de Dieu ! que les temps qui ruinent les plus solides ouvrages ne fassent que vous rendre plus vénérable ; que vous portiez dans votre sein, comme dans un asile sacré, pour parler avec Fénelon, les âmes tendres qui viennent s'y réfugier, et que vous couvriez encore de votre ombre tout ce qui espère en Dieu autour de vous !

Voilà donc l'œuvre de notre grande Sainte. Au moment où l'on brisait la grille des monastères, et à la veille des temps où on allait s'engouffrer dans le sensualisme, elle a fait refleurir la virginité et elle lui a donné de si doux parfums, que l'impie lui-même s'est arrêté respectueux et étonné. Déjà sainte Thérèse avait réformé le Carmel et l'avait posé sur le front de l'Église, comme un diadème étincelant. Encore quelques jours et saint Vincent de Paul allait commencer l'admirable création des Filles de la charité. Sainte Chantal se joignit à eux, et leurs mains entrelacées rangèrent autour de l'Église cette belle armée des Vierges, que nulle autre religion n'a pu maintenir, et qui est assurément, par sa régularité, par sa ferveur, par sa pureté immaculée, par la grandeur des bienfaits qu'elle verse sur le monde, une des gloires les plus touchantes et un des boulevards les plus forts de l'Église dans les temps modernes.

Mais est-ce tout, Chrétiens ? Est-ce là le mot suprême de la mission de notre Sainte? Je vois parmi nous l'apostolat qui se multiplie, le clergé qui renaît, la virginité qui refleurit, la pénitence qui enbaume. Mais, mon Dieu, que le monde est froid ! et qu'il est à craindre que dans une atmosphère si glaciale, ces tendres fleurs ne périssent bientôt ! O mon Dieu, mon Dieu, ne verserez-vous pas sur la terre quelque effusion de lumière et d'amour qui échauffe vos apôtres, qui enflamme vos prêtres, qui embrase vos vierges, qui les aide à traverser, sans péril pour eux et avec profit pour lui, les solitudes glacées de ce triste monde?

Dieu y a pensé, Chrétiens, et en effet, vers la fin du xviie siècle, il y eut une effusion célèbre de lumière et d'amour, et ce fut l'humble Visitation qui en reçut le dépôt; ce fut elle que Dieu choisit, comme un mont Sinaï, pour y faire éclater son amour, le lieu d'où allaient rayonner, à travers les grilles, les flammes qui s'échapperaient du Cœur de Jésus et qui réchaufferaient la terre.

Il est vrai, sainte Chantal ne se douta pas de cette grande mission. Mais est-ce que jamais fondateur d'ordre s'est douté de ce qu'il faisait? De même que c'est Dieu qui a fait la grande armée permanente de l'Eglise, c'est lui qui forme aussi les phalanges d'élite. Il en fixe l'heure, il en marque le lieu, il en prédestine le chef. Et la grande qualité qu'il lui demande, c'est l'oubli de soi, la mort complète à lui-même. Il le prend, il lui bande les yeux, il lui dit : « Fais, et que le monde voie que tu n'es qu'un instrument. » Qui ne sait les humbles étonnements de saint Vincent de Paul, quand il vit les sœurs de charité envahir le monde? Qui n'a lu les aimables et les naïves surprises de saint Philippe de Néri, quand on lui disait qu'il était le fondateur de l'Oratoire? Mais rien n'égale sous ce rapport les origines de la Visitation.

Sainte Chantal avait conçu, personne ne l'ignore, une idée bien différente de celle qu'elle exécuta. Elle avait vu que le monde, qui commençait à se détourner de la vérité, commençait aussi à se prendre d'enthousiasme pour la charité, et elle avait rêvé de lui montrer la charité dans sa plus sublime beauté : une jeune fille quittant son père, sa mère, renonçant à tout ce qui fait le rêve, l'honneur et le bonheur d'un cœur de seize ans pour se consacrer à servir les pauvres, les malades, les vieillards! Or, au moment où la Sainte mettait la main à ce chef-d'œuvre, voilà des obstacles inattendus qui se présentent. Il faut reprendre les grilles; il faut abandonner les pauvres; il faut renoncer à ce divin mélange de la charité et de la virginité. O Sainte, que vous dûtes souffrir ! mais consolez-vous : c'est une grande chose de soigner les pauvres, de visiter les affligés, de montrer au monde l'union charmante et héroïque de la virginité et de la charité, mais votre mission sera plus grande encore. Formez, formez vos filles; enfermez-les derrière des grilles impénétrables, rendez-les toutes saintes : *Sanctificamini, cras enim faciet Dominus inter vos mirabilia.* Encore vingt ans, trente ans, ô Dieu! que vois-je? Dans un Monastère de la Visitation, un jour de fête, la grille du chœur ouverte, quelle est cette lumière que j'aperçois? O Jésus, c'est vous. Votre poitrine est étincelante d'amour et votre Cœur est comme une fournaise. O Visitation, ne regrette plus tes grilles : si tu avais été moins cachée, tu n'aurais pas reçu un tel don. O grande Sainte, ne pleurez plus vos plans bouleversés : vous ne montrerez pas au monde la charité qui panse les plaies ; vous lui donnerez l'auteur de la charité, le foyer de l'amour, le cœur percé de Jésus-Christ. O Église, tressaille de joie, tu es née de l'amour, viens te replonger dans l'amour. O apôtres qui parcourez les déserts, ô prêtres qui languissez dans les solitudes stériles de vos paroisses, ô évêques qui, dans les tristes temps où nous sommes, portez plus souvent des couronnes d'épines que des mitres d'honneur, ô Pape, qui souffrez de si cruelles angoisses sur ce siége qu'on appelle votre trône ; et vous aussi, mes frères, qui vous faites apôtres pour nous aider, dames du monde qui devenez des sœurs de charité, nous tous enfin qui travaillons avec tant de peine à faire un peu de bien en ce siècle agité, reprenons courage : voilà le foyer de l'amour. C'est la Visitation qui le reçoit et qui nous le donne, et c'est sainte Chantal qui a fait la Visitation.

On dit que la sainte Fondatrice eut, avant de mourir, le pressentiment de cette merveille, et, pour ma part, je n'en doute pas. Elle sut qu'elle faisait quelque chose de plus grand même qu'un Ordre religieux, et elle entrevit la tendre dévotion dont la Visitation serait un jour le sanctuaire. Mais elle ne fit que l'entrevoir, et, comme Moïse, elle mourut aux bords de la terre sainte, les yeux fixés sur elle, sans pouvoir y entrer. Non qu'aucune faute lui ait mérité cette exclusion : ce fut plutôt la récompense de son amour ; car, comme les temps n'étaient pas venus de révéler cette merveille au monde, Dieu fit pour elle une exception, et, soulevant un peu le voile, il lui accorda la grâce de mourir les yeux fixés sur le sacré Cœur, et d'en saluer l'aurore de son dernier regard.

Et maintenant que nous reste-t-il à faire, à vous et à moi, sinon de nous tourner vers cette châsse précieuse où reposent, respectés par le temps et les révolutions, les restes de Celle qui fut dans le monde une femme si forte, et dans le cloître une amante si dévouée de l'Église.

O grande Sainte ! lorsque, il y a un siècle, l'Église vous plaça sur les autels, les temps étaient tristes ; de mauvais vents soufflaient sur le monde, et il est raconté que vos filles, en recevant et en baisant cette Bulle de canonisation, depuis si longtemps attendue, vinrent s'agenouiller ici, au pied de vos saintes reliques, et demandèrent à Dieu avec larmes une foi invincible et un tendre et inviolable attachement à la chaire de saint Pierre. C'était en 1767. Vingt-trois ans à peine séparaient l'Église et la France de l'abîme où tout allait s'engloutir. Ah ! les temps sont meilleurs aujourd'hui ; et, bien qu'il y ait encore des nuages à l'horizon ; — il y en aura toujours : la barque de saint Pierre n'a pas été faite pour naviguer sur des eaux apaisées comme celles de votre beau lac ; — bien qu'il y ait encore des menaces et des périls, oh ! grâces à Dieu, les temps ne sont plus les mêmes : l'Église s'est régénérée dans l'épreuve. Il y a aujourd'hui en elle un tel souffle de vie, dans l'épiscopat et le clergé une si intime union au Saint-Siége, une si profonde ferveur dans les monastères, il sort des âmes chrétiennes de si ardentes prières, Dieu, Dieu est si visible dans l'Église qu'on peut regarder sans effroi l'horizon et naviguer en paix au milieu de l'orage. *Quid times, Cæsarem vehis !*

Et néanmoins, ô mère ! étendez sur nous votre manteau ; que saint François de Sales s'unisse à vous pour qu'il nous couvre davantage. Etendez-le sur notre Saint-Père le Pape, Pontife de l'Eglise universelle, donnez-lui des jours aussi longs que ses vertus et qui ne finissent qu'avec nos malheurs ! *Sanctissimo Patri nostro Pio, Pontifici Ecclesiæ catholicæ, longua vita et pax perpetua !* Etendez-le sur les Evêques, sur l'Episcopat catholique, souvenez-vous de ses larmes, de ses prières, de ses travaux : *Episcopis et Præsulibus Ecclesiæ catholicæ, pax et gaudium in Spiritu sancto !* Etendez-le sur les prêtres et sur les fidèles ; donnez-nous la foi, la foi de saint Pierre et des Apôtres, la foi des Pères et des Saints : *Fides vera, fides Petri et Apostolorum, fides Patrum orthodoxorum.* C'étaient là les acclamations de l'Eglise au concile de Trente. Ah ! qu'elles retentissent

bientôt de nouveau, et que ce Concile œcuméni-
que, dont l'annonce a fait battre tous les cœurs,
achève le triomphe de l'Eglise, en en révélant
une fois de plus la beauté, l'unité et l'invincible
force.

Et toi, vieille terre de France et de Savoie, re-
connais donc, à ce grand spectacle, la cause de tes
défaillances. Dieu t'a tout donné et tu souffres de
tout. Pas une couronne ne s'est posée sur ton front
sans s'y changer en épines, et tes plus brillantes
conquêtes sont toujours à la veille de devenir des
catastrophes. O pauvre malade, mère vénérable,
qu'as-tu donc pour tant souffrir et pour te retour-
ner, si agitée, sur une couche si brillante? Ah!
reviens à la foi, reviens à l'humilité et à l'obéis-
sance, mères de l'unité et de la paix, reviens à la
sainteté. Terre de sainte Geneviève et de sainte
Clotilde, terre de saint Louis et du bienheureux
Amédée, de saint François de Sales et de saint Vincent de Paul, je ne te demande pas de renier tes
gloires, je te demande seulement de mettre fin à
tes révolutions et à nos angoisses. Aie le génie, aie
l'éloquence, aie la science et la gloire, — tu n'en
auras jamais autant qu'en désire pour toi mon
cœur d'enfant; — mais joins-y la foi et la sainteté.

O Dieu, vous avez aimé la France dès l'éternité;
aimez-la aujourd'hui plus que jamais! Vous l'avez
faite, Seigneur, pour qu'elle vous aime et qu'elle
vous fasse aimer. Et c'est pour cela que vous lui
avez donné un tel cœur, une telle langue, une si
vaillante épée. Ah! écartez d'elle tout ce qui pour-

rait corrompre sa grande âme et fausser son beau génie; et qu'aujourd'hui, comme autrefois, nous voyions l'Eglise et la France, la mère et la fille, exposées aux mêmes attaques, honorées des mêmes insultes, mais aussi, grâces à Dieu, unies dans les mêmes joies et assurées du même triomphe!

Annecy. — Typ. Burdet.

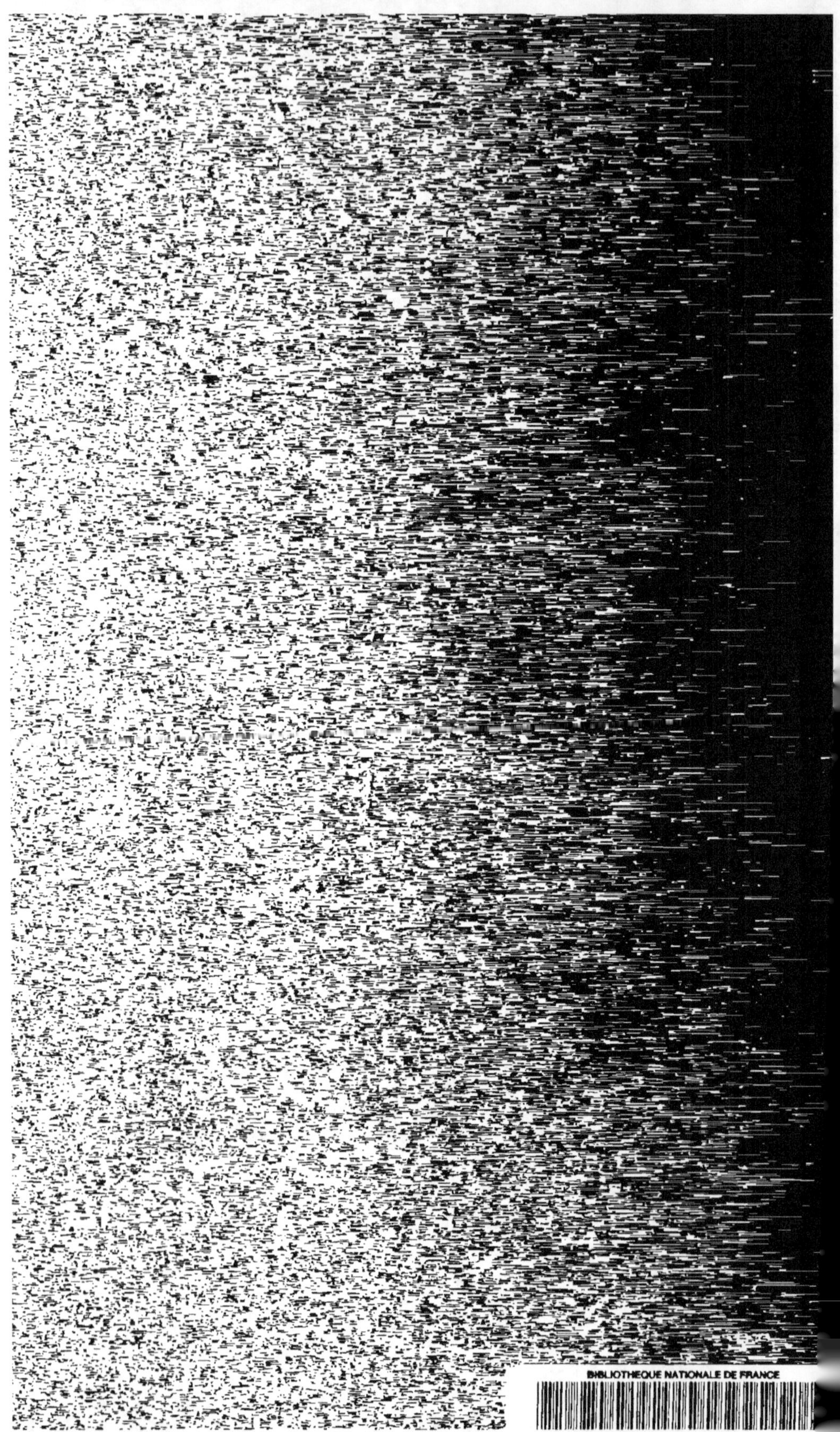